Bro a Bywyd

Dic Jones

Golygydd · Dai Rees Davies

© Dai Rees Davies / Cyhoeddiadau Barddas
Argraffiad cyntaf: 2012
ISBN 978-1-906396-41-1
Cyhoeddwyd gyda chymorth ariannol
Cyngor Llyfrau Cymru
Cyhoeddwyd gan Gyhoeddiadau Barddas
Argraffwyd gan Wasg Gomer

Rhagair

Arhosodd Dic Jones yn ei filltir sgwâr, a dilyn ei gyndadau gan amaethu darn o dir a oedd yn annwyl iddo. Bu'n ddigon ffodus i fyw yn yr un gymdogaeth â dau ŵr a fu'n ddylanwad mawr arno, sef y Parchedig Tegryn Davies, Aber-porth, ac Alun Jones, y Cilie. Clywais Dic ar sawl achlysur yn cydnabod ei ddyled iddynt.

Daeth Dic i sylw cenedlaethol yn gyntaf drwy ei lwyddiannau nodedig yn Eisteddfod yr Urdd, ac yna yn y Brifwyl. Roedd hefyd wedi etifeddu dawn gerddorol y teulu. Er ei ddyrchafu'n Archdderwydd, ni chollodd gysylltiad â'r gymuned amaethyddol nac â'r cymeriadau cyffredin yn ei ardal. Bellach mae yna fwlch mawr lle bu'r gwerinwr athrylithgar hwn, ond fe erys ei enw a ffrwyth ei awen.

Pen-y-graig, Tre'r-ddôl, i'r de o
Fachynlleth: tyddyn ar gyrion Cors Fochno
lle ganwyd Richard Lewis Jones ddydd
Gwener y Groglith, 30 Mawrth 1934.

Teulu Bore Oes

Richard, yr ieuengaf o frodyr
Louisa, mam Dic Jones.

Lladdwyd Richard yn y Rhyfel Mawr
yn Ffrainc ym Medi 1918, ac ar ôl yr
ewythr hwn y cafodd Dic Jones ei enw.

Tad-cu a Mam-gu Pen-y-graig:
Dafydd a Mary Isaac, rhieni mam Dic.

Un o Ledrod, ger Tregaron, oedd Mary,
a garddwr yn Lodge Park, Tre'r-ddôl,
oedd Dafydd. Ar ôl priodi gwnaethant
eu cartref ym Mhen-y-graig, ac yn
ddiweddarach bu Dafydd yn gweithio
ar y ffordd. Ganwyd iddynt ddeuddeg
o blant, a'r ieuengaf ohonynt oedd
Louisa, mam Dic, a aned yn 1910.

Bu Louisa yn athrawes yn
Eglwys-fach, yn Nantgwyn, ger
Rhaeadr, ac yna ym Mlaen-porth.

'Nhaid

Mwyn ei air fel emyn oedd
Fy nhaid, a chyfiawn ydoedd.

Teulu Pen-y-graig yn 1903: Emily ar lin Mam-gu, a Richard wrth ei hochr, John James a Davy (y tu ôl i Mam-gu), Annie a Nel (yr efeilliaid), a Mary Jane yn y cefn. Yn y blaen hefyd mae Tomi a Kate. Yn ddiweddarach daeth Alice a Louisa i wneud y teulu'n gyflawn. Mae'n debyg fod Tad-cu yn gweithio yn y Sowth pan dynnwyd y llun, ac ni wyddys pwy yw'r gŵr bonheddig a welir yma.

Teulu Mam-gu Pen-y-graig.

Wyrion Pen-y-graig – rhes gefn, o'r chwith: Daniel, Margaret, Seri, Mary, Eluned, Fanw a Goronwy; rhes flaen: Rhiannon, Mair, Tegwen, Alun, Dic a John. Yn absennol o'r llun: Natalie (yn America) a Dave (a fu farw yn Awstralia).

Rhieni Dic – Alban a Frances Louisa Jones.

Aduniad o deulu estynedig Pen-y-graig, Awst 2001.

Mam-gu Dic ar ochr ei dad oedd Margaret Lewis, Treprior, Tre-main, a Dafi Jones, Tan-yr-eglwys, Blaen-porth, ger Aberteifi, oedd ei dad-cu. Bu Dafi farw yn 38 mlwydd oed o wenwyn gwaed yn dilyn anffawd ar y fferm. Cafodd Dafi a Margaret ddau fab: Alban (Abba), sef tad Dic, a Wyn, a oedd yn llenor dawnus. Ganwyd iddynt hefyd ferch a fu farw'n faban.

'Nhad

Dewch gyda mi fin nos o haf,
I'r sioe ym Mharc Cefn Beudy
I weld y marchog a'r cel main
Yn hedfan dros y clwydi.

Alban Jones ar gefn ei geffyl,
Rob Roy, yn sioe Aberteifi.

Bythefnos ar ôl genedigaeth Dic aeth y fam a'i baban yn ôl i
Dan-yr-eglwys, Blaen-porth. Roedd Goronwy, y cyntaf-anedig,
yn ddeunaw mis oed erbyn hyn.

Cyn hir daeth Rhiannon yn gwmni i'r ddau frawd.

Dic yng ngofal Tegwen, ei gyfnither.

Goronwy a Dic, y ddau frawd.

Rhiannon a Dic yn dechrau dangos diddordeb mewn ceffylau.

Dic gyda'i gyfnitherod Tegwen a Seri ac Alun, ei gefnder, ar wyliau ym Mhen-y-Graig.

Plant Tan-yr-eglwys – o'r chwith: Dic, Goronwy, Rhiannon, Margaret a Mary.

Mam-gu'r Hendre ar y chwith, gyda Mam-gu Pen-y-graig a Goronwy.

Roedd yr Ail Ryfel Byd ar ei anterth pan oedd Dic yn ddisgybl yn Ysgol Gynradd Blaen-porth, ac fe ddaeth plant y trefi – yr ifaciwîs – i'r ardal ac i'r ysgol. Yna, ym mis Mai 1945, bu Dic yn llwyddiannus yn yr arholiad i gael mynediad i Ysgol Ramadeg Aberteifi. Ni fu llawer o drafodaeth rhwng Dic a'i rieni ynglŷn â'i ddyfodol; roeddent yn cymryd yn ganiataol y byddai'n dod adref i ffermio. A dyna a wnaeth, a gadael yr ysgol yn ystod haf 1949.

Ei gyd-aelodau yn Aelwyd
yr Urdd, Aber-porth, yn
cydlawenhau yn llwyddiant
Dic yng Nghaernarfon yn 1956.

Aelwyd yr Urdd, Aber-porth

Y Parchedig a Mrs Tegryn Davies.

Fel llawer un arall yn Aber-porth a'r cyffiniau, daeth Dic o dan ddylanwad y Parchedig a Mrs Tegryn Davies. Bu Tegryn Davies yn weinidog ar eglwysi annibynnol Beulah a Bryn-mair am 36 o flynyddoedd (1933–69) ac mae ffrwyth ei lafur caled ef a Mrs Davies i'w weld o hyd yn yr ardaloedd hyn. Dywedai Dic mai wrth ganu cerdd dant yn Aelwyd yr Urdd, Aber-porth, y dechreuodd glywed sain y cynganeddion, a phan luniodd ei englyn cyntaf oll fe'i dangosodd i Tegryn Davies er mwyn cael ei farn. Cafodd y ddau'r anrhydedd o fod yn llywyddion un o'r cyfarfodydd yn Eisteddfod Genedlaethol yr Urdd yn Rhydaman yn 1957. Yn 1976 Mrs L. M. Tegryn Davies oedd y gyntaf i dderbyn Medal Goffa Syr T. H. Parry-Williams.

Nid er clod fu'r caledwaith,
Nid er mawl yr hirdrwm waith,
Ac nid oedd rhifo'r oriau
Yn ddim yn hanes y ddau.

Roedd Aelwyd yr Urdd, Aber-porth, yn un o'r rhai mwyaf llewyrchus a llwyddiannus yn y wlad, ac yn Eisteddfod Genedlaethol yr Urdd y daeth Dic i amlygrwydd gyntaf wrth iddo ennill Cadair yr Eisteddfod bum gwaith:

1954: yn fachgen ugain oed yn y Bala am ei awdl 'Carchar';
1955: yn eisteddfod wleb Abertridwr am awdl 'Y Morwr';
1956: yng Nghaernarfon am awdl i'r 'Crefftwr', sef Curnow Vosper, arlunydd y llun enwog *Salem*;
1957: yn Rhydaman am ei awdl 'Y Frwydr';
1959: yn Llanbedr Pont Steffan. 'Y Gamp' oedd testun ei awdl, ac roedd yntau hefyd wedi cyflawni camp arbennig.

Dic yn ennill ei gadair genedlaethol gyntaf yn Eisteddfod yr Urdd, y Bala, 1954.

Dic yn cael ei hebrwng i'r llwyfan yn Eisteddfod Genedlaethol yr Urdd, Abertridwr, 1955.

Dic yn cael ei longyfarch gan y Parchedig Jacob Davies a Waldo Williams yn Eisteddfod Genedlaethol yr Urdd, Abertridwr, 1955.

Yn Angladd Waldo

Iddo weithian fe ganant, – ond ofer
   Pob dyfais a feddant;
  Pan dawodd, torrodd y tant
  Fedrai roi iddo'i haeddiant.

Jacob

   Y byrgoes byw ei ergyd, – y 'mennydd
     Miniog ei ddywedyd,
    Glewaf oedd, a'i gelfyddyd
    Yn ysgafnhau beichiau'r byd.

Dic a'r Parchedig Jacob Davies yn Eisteddfod Genedlaethol yr Urdd, Llanbedr Pont Steffan, 1959.

Cadair a tharianau Aelwyd Aber-porth, a'r Parchedig a Mrs Tegryn Davies yn edrych yn bles iawn.

Y Parchedig Tegryn Davies, Dic a Roderick Bowen. Mr Bowen oedd Aelod Seneddol Ceredigion rhwng 1945 ac 1966 ac roedd yn byw yn Aber-porth.

Côr Aelwyd Aber-porth yn y dyddiau cynnar. Dic yw'r chweched o'r chwith yn y rhes gefn.

O'r chwith: Nesta Richards, Julie Jones, Dic, Siân a Ray Edwards. Tynnwyd y llun ar y graig uwchben Traeth y Dyffryn yn Aber-porth.

Nid barddoni oedd unig ddawn Dic. Roedd ganddo hefyd, fel llawer o'i deulu, ddawn gerddorol, ac fe gymerodd ran amlwg yng nghystadlaethau corawl Eisteddfod yr Urdd.

Côr Aelwyd Aber-porth mewn cyfnod diweddarach. Dic yw'r cyntaf ar y chwith yn yr ail res o'r cefn.

Ymddangosodd Côr Bechgyn Aelwyd Aber-porth ar raglenni teledu cwmni TWW. Yn y llun, o'r chwith, mae'r Parchedig Tegryn Davies, Alun Morgan, Dic Jones, Morris Baker Jones, Gerwyn Richards, Wyn James, Alun Tegryn Davies, Islwyn Jones, Idwal Edwards, Terry Davies, Sid Jones, Ronald Davies, Glan Rees, Llwyd Edwards, Eurof Rees, Mrs L. M. Tegryn Davies ac Alun Davies.

Yn Eisteddfod Genedlaethol yr Urdd yn Abergwaun yn 1951 daeth pedwarawd SATB Aelwyd Aber-porth yn fuddugol a chael marciau llawn. Yn y llun, o'r chwith, mae Alun Tegryn Davies, Beryl Davies (cyfnither Siân), Rhiannon (chwaer Dic) a Dic.

'Y wefr fwyaf erioed oedd gwrando ar bedwarawd Aelwyd Aber-porth dan ddeunaw oed yn canu "Y Fam a'i Baban". Ni chlywyd na chynt nac wedyn ddim byd tebyg i hyn ar lwyfan Eisteddfod Genedlaethol yr Urdd. Toddodd y gynulleidfa fawr wrth wrando ar harmoni'r pedwar llais ... un gair yn unig a sgrifennodd y beirniad, Mrs W. W. Davies, ar ei phapur y foment honno – "Perffaith!" '
(R. E. Griffith, *Urdd Gobaith Cymru, Cyfrol 2: 1946–1960*, t. 154)

Côr Cerdd Dant Aelwyd Aber-porth yn fuddugol yng Ngŵyl Fawr Aberteifi. O'r chwith – rhes gefn: Dic Jones, Gerwyn Richards, Alun Morgan, Roy Rees, Idwal Edwards, Alun Davies, Sid Jones ac Islwyn Jones; rhes flaen: Euros Richards, Gwyndaf James, Alun Tegryn Davies a Glan Rees. Ann Lloyd o Aberystwyth oedd y delynores.

Bu farw'r Parchedig Tegryn Davies yn 1974 ac ar ei daflen goffa roedd yr englynion isod o waith Dic:

Fe welsom orffen pennod – a gwylio
    Hen gwlwm yn datod,
  Mwy rhyfedd na'i ryfeddod
  Yw iddo beidio â bod.

Y gennad sydd heb ei gannwyll; – pallodd
    Y gweld pell ystyrbwyll,
  Y cyngor heb ei grebwyll
  Cadarn na barn ei hir bwyll.

Braenarodd a heuodd had, – ar egin
    A brig cadwodd lygad,
  Storws lawn sy' dros y wlad
  O wenith ei ddylanwad.

(G. Wyn James, *Fe a Hi 'Ma*)

Aeth y pâr ifanc i Lundain ar eu mis mêl, a dyma nhw yn sgwâr Trafalgar.

Dic, Siân a'r Teulu

Dic a Siân yn un o Eisteddfodau'r Urdd.

Yn y Bala yn 1954 yr enillodd Dic ei gadair gyntaf,
a dyna pryd y dechreuodd ganlyn Siân. Plant
David John ac Annie Mary Jones, Parc-y-rhos,
Parc-llyn, oedd Siân a'i thri brawd, ond symudodd
y teulu i Blasnewydd yn ddiweddarach.

Roedd Wyn, ewythr Dic, yn ffermio'r Hendre ac yn
gofalu am ei fam oedrannus. Wedi i'w fam gael trawiad,
penderfynodd Wyn roi'r gorau i ffermio a chwilio
am swydd arall. Prynodd Dic a'i rieni'r Hendre a
symud bob yn dipyn bach dros y clawdd terfyn. Bu'r
Ffyrgi Fach a'i blwch cario heidrolig yn ddefnyddiol
iawn yn ystod yr wythnosau o symud yn haf 1956.

Y Ffyrgi Fach
I'r maes os daeth grymusach – tractorau
    I'w cytiroedd mwyach,
  Rhywfodd daw dyddiau brafiach
  I gof o weld Ffyrgi Fach.

(*Golwg Arall*)

Roedd cyflwr iechyd tad Dic wedi dirywio'n
enbyd; dim ond ychydig fisoedd a gafodd yn
yr Hendre a bu farw yng ngwanwyn 1957.

Hir yw galar i gilio, – ac araf
    Yw hen gur i fendio,
  Am un annwyl mae'r wylo'n
  Ddafnau cudd o fewn y co'.

Priodwyd Dic a Siân ym mis Ionawr 1959 yn Hen Gapel Aber-porth, â'r gwasanaeth dan ofal y Parchedig Dafydd Hughes Jones. Symudodd i'r gogledd yn ddiweddarach, cyn ymddeol i'r Rhyl. Roedd yn un o feirdd Y *Talwrn*.

Ar Ymddeoliad y Parch. D. Hughes Jones

Daeth hwsmon y gwirionedd – i dalar
    Deilwng deugain mlynedd,
 A daeth, wrth ddatod y wedd,
 Gwas Duw â'i gŵys i'w diwedd.

Cynhaliwyd y neithior yng ngwesty'r Cliff, Gwbert, ac ymhlith y gwahoddedigion roedd y perthnasau a'r cymdogion hyn. O'r chwith: Iwan Davies (Chick, Rhydygaer), Gerwyn Richards (Bomba), Alan King, Jac Jones (Jac y Crown), Daniel Isaac (cefnder Dic a ofalodd am y fferm tra oedd Dic ar ei fis mêl), Ben Jones, Tan-yr-eglwys, a Jac Jenkins, Maes-y-deri.

Yr Hendre, Blaenannerch; adeiladwyd yn 1934.

Fy Aelwyd

Mae cyffroadau fy myw cyffredin
A chno ei ofid yn ei chynefin,
A'r hen alaru na wêl y werin.
Mae'n faich o warth ac mae'n nef o chwerthin,
Ond gwên neu wae mae i mi'n – Dir na n-Og,
O fewn fy rhiniog rwyf finnau'n frenin.

Am ychydig ar ôl priodi bu Dic a Siân yn byw gyda rhieni Siân. Yna penderfynodd mam Dic adeiladu byngalo ger y ffordd sy'n arwain i'r Hendre. Yn 1962, a mam Dic wedi cartrefu yn Nidaros (sef enw'r byngalo newydd), aeth Dic, Siân a'u dwy ferch, Delyth a Rhian, i fyw i'r Hendre.

Y tri hynaf o blant yr Hendre:
Rhian ar y chwith, Delyth ar y dde, a
Dafydd, eu brawd bach, yn y canol.

Fel pob plentyn drwy'r
oesoedd, roedd plant yr Hendre
yn dotio ar eu ci bach.

Stori ddiddorol, a Dic wedi denu sylw'r plant a Siân,
ond y gath yn cysgu.

Galarnad

Dygwyd ein Esyllt egwan, – man na chaiff
　　Mwy na chôl na chusan,
　Beth sy'n fwy trist na Thristan
　Yn ceisio cysuro Siân?

Pedwar o blant erbyn hyn: Rhian, Delyth, Brychan a Dafydd.
Ganwyd Brychan ym mis Ionawr 1970.

Ym mis Hydref 1980 ganwyd yr efeilliaid Tristan ac Esyllt,
ond roedd gan Esyllt broblemau meddygol dwys a bu farw
cyn ei bod yn bedwar mis oed.

Tristan yng nghwmni Mary,
Margaret, Dic, Rhiannon
a Natalie Henkelman,
cyfnither Dic o America.

Rhian Medi gyda Siân a Dic adeg ei graddio yn 1995.

Delyth (fy merch) yn Ddeunaw Oed

Deunaw oed ein cariad ni, – deunaw oed
   Ein hir ddisgwyl wrthi,
Deunaw oed yn dynodi
Deunaw oed fy henoed i.

Delyth Wyn yn actio yn y gyfres Y *Palmant Aur*.

Dafydd a'i wraig, Irene.

Dic a Siân ym mhriodas
Dafydd ac Irene, Mehefin 2006.

Dic a Siân wedi gwisgo'n drwsiadus
iawn ar gyfer y briodas.

Brychan a'i wraig, Siân, ar ddydd
eu priodas ym Mai 2008.

Etifeddodd Brychan Llŷr ddiddordeb ei dad-cu, Alban Jones, mewn ceffylau. Mae Brychan yn sefyll yn y cefndir gyda Felix; Siân, ei wraig, yn marchogaeth Captain, a Dic yn mwynhau ei getyn. Tynnwyd y llun yn Llanymddyfri yn ystod taith a arweiniwyd gan Shân Cothi i godi arian at elusen cancr.

Ar Garlam

Mae Brychan yn wahanol,
            – yn ei waed
Mae'i deidiau'n ymorol;
Dwyn hen elfen adre'n ôl
Wnar wyr Aba a'r ebol!

Go lew boi! Bant a'r cart!
Rhiain
T. Llew.

Jac, Claire, Ethan a Tristan.

Un o drysorau Brychan yw llun ohono'n marchogaeth ei geffyl ynghyd ag englyn gan T. Llew Jones, a'r cyfan mewn ffrâm yn hongian ar y wal.

Wyrion yr Hendre – o'r chwith, rhes gefn: Elis, Jac, Osian, Steffan, Bedwyr; rhes flaen: Ynyr, Ethan a Peredur.

Y ddau frawd, Goronwy a Dic, yn ymlacio yng nghwmni dwy bibell.

Rhiannon a Rex Sanders. Rhiannon yw'r hynaf o ferched Tan-yr-eglwys.

Margaret a Brian Daniel. Fel ei thad, mae gan Margaret ddawn gerddorol arbennig ac mae'n enwog fel arweinydd corau a beirniad eisteddfodol.

Mary yw'r ieuengaf o blant Tan-yr-eglwys, ac mae ganddi hithau hefyd ddiddordeb mawr mewn ceffylau.

Plant Tan-yr-eglwys: Mary, Margaret, Rhiannon, Dic a Goronwy.

Goronwy (brawd Dic), Iwan Davies a Dic.
Bu farw Goronwy ar 22 Chwefror 2002.

Roedd Iwan Davies a Dic yn gyfeillion bore oes, ac mae Beryl, gwraig Iwan, yn gyfnither i Siân, gwraig Dic. Tynnwyd y llun hwn pan ddathlwyd pen-blwydd Iwan yn 70 oed. O'r chwith: Iwan, Beryl, Rhiannon, Siân a Dic.

Gwelwyd Tegwen yng nghwmni Dic ar dudalen 11. Ei henw gorseddol oedd 'Tegwen o'r Creunant' ac roedd yn gyfnither i Dic ar ochr ei fam.

Ffrwyth dawn a thrafferth dynion, – difai dwf
    Dyfais mecanyddion,
  Esmwythach gwrs amaethon
  Sy oddi ar sedd yr oes hon.

('Cynhaeaf')

Yr Amaethwr

Gwelodd Dic newidiadau mawr mewn
dulliau amaethu, a bu'n dyst i'r newid o
oes y ceffylau i hwylustod peiriannau:

Nid yw'r tractor, medd modernwyr,
Yn bwyta'n segur,
Nid oedd ceffyl yn yfed chwaith,
Wrth ei waith.

Ciliodd y caniau llaeth i'r gorffennol pell bellach:

Olynydd llaethog linach,
O gelf gyfrin Felin-fach,
A ddaw o'i wych addewid
I barhau haelioni'r brid,
A hulio stenau helaeth
Cynhaea' llawn y can llaeth.

('Cynhaeaf')

Yn nyddiau'r Bwrdd Marchnata Llaeth roedd pob fferm a thyddyn, bron, yn gwerthu llaeth, ond roedd yn waith caled. Ni welir neb yn cario bwcedi llaeth fel y rhain bellach. Gyda'r drefn newydd, diflannodd llawer o'r cynhyrchwyr llaeth gan adael ychydig yn unig erbyn heddiw.

Yn ei awdl arobryn 'Cynhaeaf' cawn gip ar yr hen ffordd o amaethu:

Dic yn cario bwrn o wair:

Huodledd lond yr ydlan,
Sôn mawr am hanesion mân,
A phawb o'r fflasged wedyn
Yn taro'i glwt ar ei glun.

('Cynhaeaf')

Dur cas bwledi'r cesair
Yn curo ar do'r sied wair,
A'i byrnau hi'n dwys brinhau
O weld gwaelod y golau.

('Gwanwyn')

Dic yn cario tri o'r plant yn y gambo. Mae un yn cuddio, ond mae'r ddwy chwaer yn amlwg:

Y plant yn y gambo eto:

Os yw'r dre yn ddyhead – a ddenodd
    Ddynion o'r dechreuad,
  Mae ynom bawb ddymuniad
  I fyw yn glòs wrth gefn gwlad.

A'r dyrnwr draw'n ara drên,
O hir ruo'i orawen,
I wyll hwyr yn ymbellhau
Ar drafael yr hydrefau,
A reilwe us ar y lôn
Yn blaen lle bu'i olwynion.

('Cynhaeaf')

Dic a Siân tu fas i'r Hendre: mae Siân yn hysbysebu'r rhaglen *Blas* (Radio Cymru), rhaglen y bu Brychan yn rhan ohoni.

Doed y dwyreinwynt a'i gorwynt garwaf,
I mi rhag newyn mae aur gynhaeaf,
Doed eira, cesair, doed y rhew casaf,
I'r fuches gynnes bydd gwlithog wanaf
O luniaeth helaeth yr haf, – a diddos
Wâl ym min nos tan y Clamai nesaf.

('Cynhaeaf')

Pan syllwyf drachefn yng nghwrs pythefnos
Yn falch ŵr arno o fwlch yr hwyrnos,
Bydd erwau eang yn dechrau dangos
Careiau egin rhwng y caregos
Yn hir a'm ceidw i aros, – i weled
Drwy hafnau oged yr haf yn agos.

('Gwanwyn')

Daeth y gair 'arallgyfeirio' yn boblogaidd ymysg amaethwyr. Yma mae Dic a Brychan yn trafod y tipis sydd yn y cefndir.

Yn ogystal â bod yn fardd dawnus, roedd Dic yn gerddorol iawn hefyd. Bu ei dad yn arweinydd Côr Meibion Blaen-porth am flynyddoedd, ac fe etifeddwyd y ddawn honno gan sawl aelod o'r teulu. Margaret, un o chwiorydd Dic, yw arweinydd Côr Pensiynwyr Aberteifi, sydd wedi dod yn enwog iawn yn dilyn nifer o lwyddiannau yn y Brifwyl.

Côr Meibion Blaen-porth yn y dyddiau cynnar o dan arweinyddiaeth Alban Jones, tad Dic. Ef yw'r un a'r baton yn ei law, ac yn eistedd ar ei bwys mae'r gyfeilyddes, Sally Davies Jones. Mae Dic ei hun ar y dde yn yr ail res.

Y Cerddor

Côr Meibion Blaen-porth yn arddangos y cwpanau arian. Mae Dic yn y canol yn y rhes gefn.

Côr Meibion Blaen-porth a'r arweinydd presennol, Dennis Clack. Gwelir Dic yn sefyll, y chweched o'r chwith.

Y pedwarawd soniarus: Iwan Davies, Gwynfor Harries, Dic a Gerwyn Richards. Ar ôl marwolaeth Gerwyn lluniodd Dic yr englyn hwn:

> Yr hwyl a'r llawer helynt – a beidiodd,
> Mae'r byd yn wag hebddynt,
> Yn y gân roedd pedwar gynt –
> Y tro hwn tri ohonynt.

Yn Iwerddon bu'r côr yn canu mewn gwasanaeth un bore Sul, ac wedi'r oedfa dyma Dic a'i gyfaill Iwan Davies yn mwynhau mwgyn. Yn gwmni iddynt mae Gwyn Lewis, Treprior, cefnder i dad Dic.

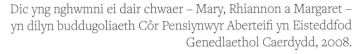

Dic yng nghwmni ei dair chwaer – Mary, Rhiannon a Margaret – yn dilyn buddugoliaeth Côr Pensiynwyr Aberteifi yn Eisteddfod Genedlaethol Caerdydd, 2008.

Côr Meibion Blaen-porth yn ystod
taith y côr i Iwerddon yn 2007.
Dic yw'r wythfed o'r chwith.

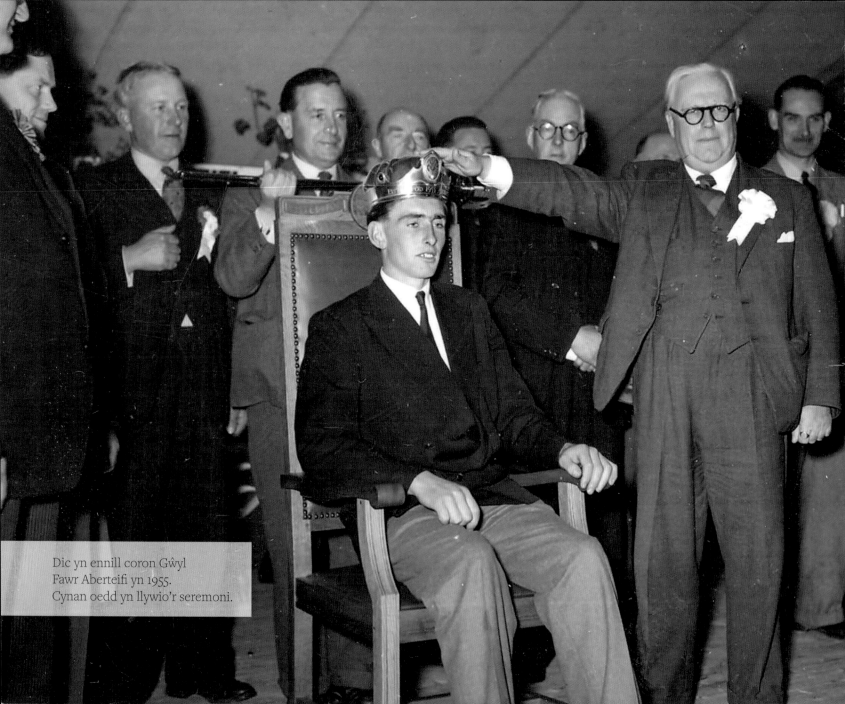

Dic yn ennill coron Gŵyl
Fawr Aberteifi yn 1955.
Cynan oedd yn llywio'r seremoni.

Llenydda

Yn ei hunangofiant *Os Hoffech Wybod*, mae Dic yn sôn am ei falchder o gael ei wahodd i ymuno â'r criw llenyddol oedd yn cyfarfod yn nhafarn y 'Pentre' yn Llangrannog. Mae'n cyfaddef bod cwmnïaeth beirdd fel T. Llew Jones ac Alun Cilie wedi bod yn sbardun iddo gyfansoddi. Bu farw Alun ddydd Gŵyl Dewi 1975 gan adael bwlch mawr yn y seiadau nos Sadyrnol.

> Ŵyl Ddewi wele ddiwedd – anwylaf
>   Un y teulu rhyfedd,
>   Ein gŵyl yw, ond beth yw gwledd
>   A'r hen gawr heno'n gorwedd?

Beirdd y Cilie'n cymryd rhan yn y rhaglen deledu *Cynhaeaf y Cilie* yn 1960. O'r chwith: Gerallt Jones, Dic, Isfoel, Alun Cilie, Simon B. Jones, Alun Tegryn, T. Llew Jones a Tydfor.

Cadair y Canmlwyddiant: yn 1965 enillodd
Dic Jones gadair Eisteddfod Canmlwyddiant
y Wladfa a gynhaliwyd yn Nhre-lew, ac fe'i
cynrychiolwyd yn y seremoni gan ŵr o'r
enw Kenneth Evans. Dair blynedd ynghynt
bu Kenneth yn aros yn y Cilie yn ystod
ei ymweliad cyntaf â gwlad ei dadau.

Dic Jones · *Bro a Bywyd* · 57

Ymgeisiodd Dic am Gadair yr Eisteddfod Genedlaethol am y tro cyntaf yn Eisteddfod Llangefni yn 1957 pan oedd y testun yn agored. O dan y ffugenw 'Cwm Bach' canodd gerdd i'r gêm rygbi. Roedd Dic 'i mewn' yng nghystadleuaeth y Gadair ym Mhrifwyl Dyffryn Maelor yn 1961, yn Llanelli a'r Cylch yn 1962, ac eto yn Abertawe a'r Cylch yn 1964.

Yna, yn 1965 daeth 'Cilmorcwm', sef Dic, yn ail am y Gadair ym Mhrifwyl Maldwyn, a chael canmoliaeth uchel. 'Yr Ymchwil' oedd y testun gosodedig ac fe gyfeiriodd Dic at Gantre'r Gwaelod, y ganolfan arbrofi rocedi yn ardal Aber-porth a'r arbrofi ar gynnyrch y tir ym Mhlas Gogerddan.

Roedd 'Cynhaeaf' yn destun wrth fodd amaethwr fel Dic, ac fe gafwyd yn Eisteddfod Aberafan 1966 un o awdlau gorau'r ganrif. Yn ei feirniadaeth, dywedodd Thomas Parry, 'Os bu

rhywun erioed yn haeddu cadair ac arian a chlod, y mae "Bryn Coed" yn eu haeddu. Ond ei wobr bennaf fydd gwybod ei fod wedi ysgrifennu cerdd sy'n gampwaith.'

Wedi iddo dderbyn y llythyr swyddogol yn gofyn iddo fod yn bresennol yn seremoni'r cadeirio ar brynhawn Iau Prifwyl Aberafan, atebodd Dic mewn englyn:

Dof, mi ddof brynhawn Dydd Iau, – yw f'ateb
    Gellwch fetio'ch crysau,
Ac mae'r geg yma ar gau
'N oes oesol os oes eisiau.

(*Caneuon Cynhaeaf*)

Croeso pendefigaidd i Brifardd Aberafan ar ôl iddo gyrraedd adref. O'r chwith: Frances Louisa (mam Dic), Michael (mab Rhiannon) a Delyth, Dafydd a Rhian (plant Dic).

Roedd Eisteddfod Genedlaethol Aberteifi, 1976, yn achlysur arbennig gan ei bod yn dathlu wyth canmlwyddiant yr eisteddfod gyntaf a gynhaliwyd yn y dref dan nawdd yr Arglwydd Rhys yn 1176.

Pan ffurfiwyd y gwahanol bwyllgorau ar gyfer y Brifwyl fe etholwyd Dic yn gadeirydd Pwyllgor yr Orsedd. Cludwyd meini o'r Preselau i lunio Cylch yr Orsedd, ac yn eu rhoi yn eu lle mae Dic, Owie Brynllynan, Dai Llwyngwyn a John Parc-y-rhos.

Yng nghystadleuaeth y gadair yn y Brifwyl daeth awdl Dic i'r brig. 'Gwanwyn' oedd y testun, ond ni chadeiriwyd Dic oherwydd iddo dorri un o'r rheolau a oedd yn bodoli ar y pryd. Eto i gyd cawsom ganddo awdl arbennig sydd yn cael ei chyfri yn un o gampweithiau ein llenyddiaeth.

Cofir Eisteddfod Aberteifi hefyd am y llwch oedd ar faes y Brifwyl. Roedd pethau mor wael drwy Brydain nes peri i'r llywodraeth benodi dyn o'r enw Dennis Howell yn Weinidog Sychder. Ychydig ar ôl ei benodi fe ddaeth glaw trwm am ddyddiau lawer ac fe'i penodwyd wedyn yn Weinidog Llifogydd.

I Wahodd y Brifwyl i Aberteifi

Dewch â'r Ŵyl i weld ei chrud
Heibio i fro ei mebyd,
I'w phen-blwydd wythganmlwydd hi'n
Fintai haf i fin Teifi,
Mae bord lawn am barod wledd
Gennym a gwin ddigonedd.

Tra bo cyw i'r ddeuryw'n ailddeori
Ni bydd i ffydd gael ei diffoddi,
Bydd gŵr diorffwys yn torri cwysi
Ac yn y gleien bydd og yn gloywi,
Bydd gwanwyn a bydd geni'n dragywydd,
A'r glaw o'r mynydd yn treiglo'r meini.

('Gwanwyn')

Haf 1976

Y wlad yn grinsych a'r 'glass' yn uchel,
Afon yn glais a chronfa'n glai isel;
'Dŵr,' meddai'r doethion, 'ni ddichon ddychwel
Oni chawn ha' a dau aea'n diwel.'
Ond ow! Roedd Dennis Howell – mewn deuddydd
Yn y llifogydd hyd dwll ei fogel.

(*Storom Awst*)

Gohebwyr y wasg yn holi Dic
ym Mhrifwyl Aberteifi, 1976.

Cynhaliwyd dosbarthiadau cynghanedd llewyrchus iawn gan y diweddar Roy Stephens yng Nghaffi Emlyn, Tan-y-groes. Yn dilyn marwolaeth Roy fe gamodd Dic i'r adwy, ac fe dyrrodd y disgyblion yno o bell ac agos. Rhannwyd y dosbarth yn ddwy ran – Y Ford Fawr a'r Ford Fach – er mwyn rhoi cyfle i'r rhai oedd yn dechrau o'r newydd. Yn ystod gaeaf 1989–90 dangosodd Dic i'w ddisgyblion sut i lunio awdl. 'Gwythiennau' oedd testun yr awdl ym Mhrifwyl Cwm Rhymni yn 1990, ac o dan arweiniad Dic adeiladwyd o wythnos i wythnos gerdd oedd heb fod yn rhy ddifrifol. Roedd un ar ddeg yn cystadlu am Gadair Cwm Rhymni, a Myrddin ap Dafydd gafodd yr anrhydedd o eistedd ynddi. Daeth awdl dosbarth Dic yn drydydd yn y gystadleuaeth. Y gaeaf canlynol buom yn llunio awdl engreifftiol i'r flwyddyn. Rhannwyd y flwyddyn yn ddeuddeg mis gan ddefnyddio dau fesur gwahanol i bob mis. Cawsom fudd mawr yn cyflawni'r dasg.

Ymrysona gyda Roy Stephens, Gwyn Evans a Jac Alun.

Deued Seren llawenydd —
            â ni bawb
At y Beban newydd,
A thro'r rhod i addo dydd
Torri'r gaeaf tragywydd.

Englyn Nadolig yn llawysgrifen Dic.

Ymrysona gyda Tydfor, Rhys Nicholas a Tim Davies.

Dic yn llunio englyn ar y pryd adeg Talwrn rhwng timau Crannog ac Aberhafren. Yn y cefndir mae cyd-aelodau Dic: Dai Jones, Hywel Rees, Ifor Owen Evans, Idris Reynolds ac Owen James.

Cyrhaeddodd tîm Crannog rownd derfynol *Talwrn y Beirdd* ar sawl achlysur ond bu ambell dro trwstan yn ei hanes. Roedd Ifor Owen Evans yn meddwl y byd o'i Vauxhall Frontera hyd nes iddo dorri i lawr ar daith bwysig iawn. Pen y daith honno oedd maes y Brifwyl yn Ninbych yn Awst 2001 a thîm Crannog yn cystadlu ym mhencampwriaeth *Talwrn y Beirdd* ar y Sadwrn agoriadol. Ar y pryd roedd tri ohonynt yn defnyddio ffyn, ac meddai Dic, 'Criw o henwyr yw Crannog'. Yn y llun gwelir, o'r chwith, Idris Reynolds, Owen James, Ifor Owen Evans, Dai Jones a Dic.

Beth yw'r drafodaeth? Dic a Hywel Teifi ym Mhrifwyl Caerdydd, 2008. Dros y blynyddoedd, bu Dic ynghlwm wrth eisteddfodau fel Gŵyl Fawr Aberteifi a Gŵyl Rhys Thomas James, Llanbedr Pont Steffan, a hynny fel cystadleuydd a beirniad.

Beirniadu cystadleuaeth yr Englyn Ysgafn ym Mhrifwyl Eryri a'r Cyffiniau, 2005.

Dic o dîm Crannog yn cymryd rhan yn rownd derfynol *Talwrn y Beirdd* ym Mhrifwyl Meifod 2003 yn erbyn tîm y Waun-fawr.

Bu Dic yn cystadlu gyda thîm Crannog ar raglen *Talwrn y Beirdd* Radio Cymru am flynyddoedd lawer. Bu hefyd yn llywyddu'r rhaglen. Yn y llun gwelir Trystan Iorwerth, y cynhyrchydd; Maud Griffiths yn cadw'r sgôr a chadw mewn cysylltiad â'r peirianwyr; Gerallt Lloyd Owen, y 'Meuryn'; a Dic yn llywyddu.

Bu hefyd yng nghwmni Tydfor; Cassie Davies, Tregaron; Marie James, Llangeitho a'r Parchedig Jacob Davies yn ein diddori â'r rhaglen boblogaidd *Penigamp*.

Bu Dic yn cynnal gwersi cynghanedd llwyddiannus yn ne Ceredigion a gogledd Penfro, yn ogystal ag ar y teledu fel rhan o'r gyfres *Arolwg II* (1989). Cyhoeddwyd fideo arloesol o'r gwersi hyn.

Y tad a'r mab – silwét o Dic a Brychan.

Yr Actor a'r Cymdeithaswr

Dic yn gweini, a Caryl Parry Jones ac Emyr Wyn yn dewis o'r fwydlen yn un o raglenni'r gyfres *Caryl* yn niwedd yr wythdegau.

Pum gŵr enwog yn creu mwg. O'r chwith: Euryn Ogwen, Dic, Arfon Williams, Gerallt Lloyd Owen ac Emyr Wyn.

Ie, Dic yw hwn ar ôl gwaith coluro arbennig mewn stiwdio deledu.

Clown

Fry yn feddw ar wifren fain – y llinell
    Sydd rhwng llon a llefain,
  Ei wên drist a'i wallt llwyn drain
  Yw ein hwyneb ni'n hunain.

Dic yn mynd ag Ifan Gruffydd a Gillian Elisa i'r ddalfa yn y gyfres *Ma' Ifan 'Ma*.

Dic a Siân gyda Beti George ar fferm yr Hendre.

Deuawd gerddorol gan Dic a Brychan. Roedd Dic yn chwaraewr organ geg penigamp.

Yn 1987 roedd Cymdeithas yr Iaith yn dathlu chwarter canrif ei bodolaeth. Dyma Dic yn ei llongyfarch yn Eisteddfod Genedlaethol Porthmadog.

Dic oedd y gŵr gwadd mewn noson yng Nghapel Mair, Aberteifi, i longyfarch Ceri Wyn Jones ar ennill Cadair yr Eisteddfod Genedlaethol yn y Bala yn 1997. Yn y llun, mae rhai o hoelion wyth bywyd diwylliannol Capel Mair.

Rhes gefn (o'r chwith): Alun Tegryn Davies, Dafydd Wyn Jones (tad Ceri), ac Emyr Jones, Oernant. Rhes flaen (o'r chwith): Dic, Meinir Jerman, Ceri Wyn Jones, Ken Griffiths, Wynford Jones.

Mae hyn yn haws na cherdded. Tynnwyd y llun yng nghanolfan Oakwood, sir Benfro.

Yn Oakwood eto, yn ofalus a'r brêc yn ei law.

Idris Hoffnant a Dic yr Hendre: dau brifardd, dau Guinness, dau gyfaill.

Mae cwrw gwell na'i gilydd
Er nad oes cwrw gwael,
Ond man lle bo 'nghyfeillion
Mae'r cwrw gore i'w gael.

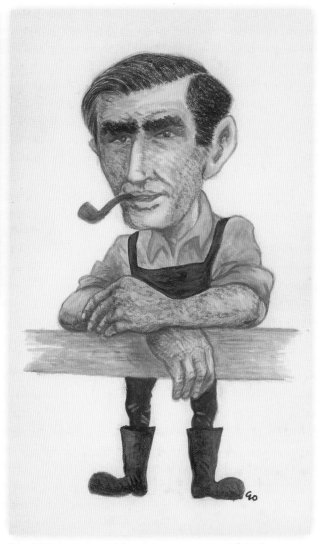

Roedd Dic yn trysori hwn – un o gampweithiau'r
Prifardd Gerallt Lloyd Owen.

Siân a Dic yn y Wladfa, Patagonia.

Yn 2007 dechreuwyd cynnal cystadleuaeth agor rhychau â rhofiau yn Llannerch Aeron. Fel Llywydd Anrhydeddus yr achlysur bu Dic yn beirniadu a dyma fe'n cyflwyno'r tlws i Rhun Fychan, y rhychiwr gorau.

Dic yng nghwmni Margaret Daniel, ei chwaer, mewn cinio yng Ngwersyll yr Urdd, Llangrannog, i godi arian at Eisteddfod yr Urdd, Llannerch Aeron 2010.

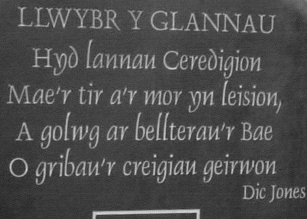

LLWYBR Y GLANNAU

Hyd lannau Ceredigion
Mae'r tir a'r mor yn leision,
A golwg ar bellterau'r Bae
O gribau'r creigiau geirwon

Dic Jones

Llwybr Arfordir Ceredigion
Ceredigion Coast Path

Agorwyd 2008
Opened 2008

Gwelir y pennill hwn ar
garreg gerllaw Gwersyll
yr Urdd, Llangrannog, i
ddathlu agoriad swyddogol
Llwybr Arfordir Ceredigion
yn ystod haf 2008.

Mae taith ddirgel flynyddol Cymdeithas Ceredigion yn boblogaidd iawn, a dyma luniau a dynnwyd yng ngogledd Penfro. Un sy'n gyfarwydd iawn â'r ardal yw'r Prifardd Mererid Hopwood, a bu ei gwybodaeth yn gymorth i ni weld drwy'r niwl ar fryniau Dyfed. Yn y llun ar y chwith eithaf gwelir Gwen Jones, Dic, Glan Roberts, Mererid a Siân.

Bu Dic yn fwy anturus pan oedd yn llywydd y Gymdeithas ac fe aeth â ni i'r Ynys Werdd.

Roedd Mererid wedi trefnu i'w hewythr ddod i gludo rhai ohonom yn ei gerbyd arbennig i Bwllderi, a dyma Dic a'i ffrindiau yn mynd i ddilyn ôl troed Dewi Emrys. Yn eistedd yn y sedd gefn mae Jim James ac Owen James.

Yr Archdderwydd

Dic yn hollol hamddenol yn darllen papur dyddiol yn y Llew Coch cyn mynd i wisgo dillad yr Archdderwydd yng Ngŵyl Cyhoeddi Eisteddfod Genedlaethol y Bala, Mehefin 2008.

Ar 28 Mehefin 2008, yn ystod Gŵyl Cyhoeddi Prifwyl Meirion a'r Cyffiniau, fe urddwyd Dic yr Hendre yn Archdderwydd. Daeth tyrfa fawr i weld yr orymdaith a gerddodd o Ganolfan Hamdden Penllyn at feini'r Orsedd. Roedd bandiau pres Abergynolwyn a Harlech yn arwain y gorseddogion. Dic oedd y ffermwr cyntaf i fod yn Archdderwydd.

Cerdded tuag at gylch yr Orsedd yng nghwmni'r Prifardd Meirion.

Siân yn cynorthwyo Dic i wisgo.

Rhai o'r teulu'n gwylio'r seremoni. O'r chwith: Siân, Peredur (un o'r wyrion) a thair chwaer Dic, sef Rhiannon, Margaret a Mary.

Y Cyn-archdderwydd Selwyn Iolen yng ngofal y seremoni.

Yr Archdderwydd Dic yr Hendre ar y maen llog.

Wedi'r urddo, Robin McBryde yn arwain
Dic a'r Cyn-archdderwyddon John Gwilym,
Selwyn Iolen a Robyn Llŷn.

Yr Archdderwydd gyda thri o'i wyrion – Bedwyr, Peredur ac Ynyr.

Gwaetha'r modd, dim ond un brifwyl a gafodd Dic fel Archdderwydd, ac Eisteddfod Caerdydd a'r Cylch yn 2008 oedd honno. Bu'n wythnos brysur iddo ac roedd teilyngdod ym mhob un o'r prif gystadlaethau llenyddol.

Yr Archdderwydd, Dic yr Hendre, ar faes Prifwyl Caerdydd a'r Cylch.

Coroni Hywel Griffiths am gasgliad o gerddi 'Stryd Pleser'.

Cadeirio Hilma Ll. Edwards o'r Bontnewydd, ger Caernarfon.

Y Prifardd Mererid Hopwood yn ennill y Fedal Ryddiaith ac yn creu hanes fel y ferch gyntaf i ennill y Goron, y Gadair a'r Fedal Ryddiaith.

Derbyn yr actor Matthew Rhys yn aelod o Orsedd y Beirdd ym Mhrifwyl Caerdydd.

Mwynhau pryd o fwyd yng nghwmni cyfeillion a ddaeth draw o Lydaw i'w gefnogi fel Archdderwydd.

Ym mis Hydref 2008 roedd Dic yn bresennol, yn rhinwedd ei swydd, mewn cyfarfod o Orsedd Patagonia.

Archdderwydd Cymru ac Archdderwydd y Wladfa.

Oherwydd cyflwr ei iechyd methodd Dic fynd i'r Bala yn Awst 2009 i Brifwyl Meirion a'r Cyffiniau ac fe weithredodd y Cyn-archdderwydd Selwyn Iolen yn ei le.

Tua phythefnos yn ddiweddarach, fore Mawrth 18 Awst, bu farw Dic ar ei aelwyd yn yr Hendre, Blaenannerch, ac yntau'n 75 mlwydd oed. Claddwyd ei weddillion ym mynwent Blaenannerch ac ar 5 Medi, yng Nghapel y Tabernacl, Aberteifi, daeth cannoedd ynghyd i oedfa goffa un o feirdd mwyaf adnabyddus ein cenedl.

Mae Tlws Coffa Dic (o waith y crefftwr Wynmor Owen) i'w roi yn flynyddol am y cywydd gorau yn y gyfres *Talwrn y Beirdd*. Yr enillydd cyntaf oedd Aron Pritchard ac fe gyflwynwyd y tlws iddo yn Eisteddfod Genedlaethol Wrecsam a'r Fro, 2011, am ei gywydd 'Gwagle'.

ANIAN·CERDD·A·FU'N·CORDDI·YN·Y·BARDD
CYN·BOD·EI·FFURF·IDDI,
A·DAU·RAID·EI·CHRYFDER·HI
YW·DILEIT·A·DAL·ATI. DIC JONES.

Cofio Dic

Dafydd ac Irene Jones, Rhian Medi a Delyth Wyn ar faes Eisteddfod yr Urdd, Llannerch Aeron, ar ddiwrnod y cadeirio, 3 Mehefin 2010.

Cadair Eisteddfod yr Urdd 2010, Llannerch Aeron.

Cyn marwolaeth Dic ar 18 Awst 2009, roedd teulu'r Hendre wedi penderfynu rhoi'r gadair yn Eisteddfod yr Urdd, Ceredigion, 2010.

Pan oedd Dic yn aelod o Aelwyd yr Urdd, Aber-porth, roedd yno aelod arall o'r enw Glan Rees. Bu Glan yn athro a phrifathro yn sir Benfro ac mae ganddo bâr o ddwylo medrus iawn pan fydd yn troi at waith coed. Ychydig cyn marwolaeth Dic cafodd Glan gyfarwyddiadau ynghylch ffurf y gadair.

Bedwyr, Peredur ac Ynyr (tri o wyrion Dic) cyn cymryd rhan yn seremoni cadeirio'r bardd yn Llannerch Aeron.

Siân, Llŷr Gwyn Lewis, enillydd cadair Eisteddfod yr Urdd 2010, a Glan Rees, gwneuthurwr y gadair, wedi'r seremoni yn Nyffryn Aeron.

Y garreg fedd a naddwyd o gadernid y Preselau.

Fy Nymuniad

Gweld, ryw adeg, aildroedio – yr undaith,
A'r un ffrindiau eto,
Yr un hwyl, a'r un wylo,
Yn ôl y drefn yr ail dro.

Prif Ddyddiadau

Ganed: 30 Mawrth 1934
Priodwyd: Ionawr 1959
Etholwyd yn Archdderwydd: Awst 2007
Urddwyd yn Archdderwydd: 28 Mehefin 2008
Bu farw ar ei aelwyd yn yr Hendre, Blaenannerch: 18 Awst 2009

1954: Cadair Eisteddfod yr Urdd, y Bala
1955: Cadair Eisteddfod yr Urdd, Abertridwr
1956: Cadair Eisteddfod yr Urdd, Caernarfon
1957: Cadair Eisteddfod yr Urdd, Rhydaman
1959: Cadair Eisteddfod yr Urdd, Llanbedr Pont Steffan
1965: Cadair Eisteddfod Canmlwyddiant y Wladfa
1966: Cadair Eisteddfod Genedlaethol Aberafan

Cyfrolau o Gerddi

Agor Grwn (Gwasg John Penry, 1960)
Caneuon Cynhaeaf (Gwasg John Penry, 1969)
Storom Awst (Gwasg Gomer, 1978)
Sgubo'r Storws (Gwasg Gomer, 1986)
Golwg Arall (Gwasg Gomer, 2001)
Golwg ar Gân (Gwasg Gwynedd, 2002)
Cadw Golwg (Gwasg Gwynedd, 2005)
Cerddi Dic yr Hendre (Gwasg Gomer, 2010)
Yr Un Hwyl a'r Un Wylo (Gwasg Gomer, 2011)

Hunangofiant

Os Hoffech Wybod ... (Gwasg Gwynedd, 1989)
Os Hoffech Wybod ... a Chofio Dic (Gwasg Gwynedd, 2010)